Start frei

Vom Schreiben zum Lesen

von

Monika Gorbahn, Claudia Hirsch,
Ursula Schagerl, Anja Sindern
und Dirk Vollmar

illustriert von Uta Bettzieche

Oldenbourg

MIA
Tim
Rr
Bb
Mm
Melissa

Namen schreiben und der Anlauttabelle zuordnen

So schreibe ich Wörter auf:

WA
MS
DINO
R

Buchstabentag

Wörter mit L oder l suchen und aufschreiben

Gute Nacht

Wen nimmst du in den Arm?

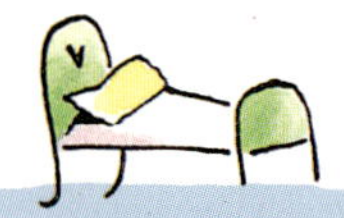

Zum Vorlesen

Nächtlicher Besuch

Nachts liegst du in deinem Kissen,
fühlst dich einsam und allein?
Hör mal zu, das muss nicht sein,
du musst nur das Mittel wissen:

Halt erst lang den Atem an,
hol tief Luft und flüstre dann:
„Heut wär ich gern zu viert!“
Und warte einfach, was passiert.

Als Erster kommt ein Bär daher:
„Darf ich ins Bett?“ – „Klar, bitte sehr!“
Als Zweites kommt ein kleines Schwein
und legt sich einfach zwischenrein.
Als Drittes kommt ein Känguru,
legt sich zu euch und deckt sich zu.

Und schon seid ihr viere,
nämlich du und die Tiere.

Paul Maar

Kuscheltiere und ihre Namen aufschreiben

Geburtstagskalender
Essen
Farbe
Spiel
Freund
Freundin
MAXI
7

Essen: PIZZA
Farbe: LILA
MAXI
10. MAI
Spiel: BALL LEGO
Freund: ALI

Tim malt.

Lea malt.

Selim malt.

POLIZ
Wau-wau!

Was ist denn das?

Was findest du?

Auto
Kürbis
Flugzeug
Mann
Frau
Fahrrad
Motorrad
Taxi
Bus
Kind
Polizei
Katze
Hund
Ampel

Wir frühstücken gemeinsam

Zum Vorlesen

Entwischt

Aus der Tasche sprang mir heut
ein Apfel. Ich rief: „He!“
Er hörte nicht. Er lief hinab
die Trep-
pe-
pe-
pe-
pe-
pe-
pe-
pe-
pe-
pe-
pe-
pe-
pe.

Josef Guggenmos

Mmmmm!

Schau genau

Ein , das ist kein ,
du musst suchen.
Ein ist kein ,
du bleibst hier.

Ein [Pferd] ist keine [Kuh],
raus bist du.
Ein [Frosch] ist keine [Maus],
du bist raus.

nach Margret Rettich

Emine schreibt am Computer

Was schreibt Emine?

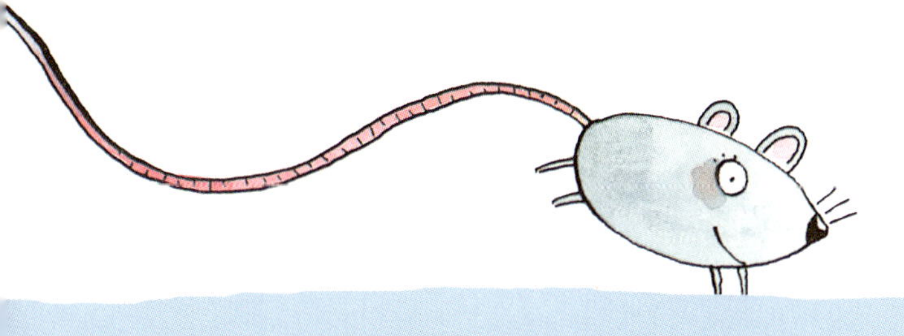

Reime-Memory

Zum Vorlesen

Rechnen

Wenn Hasenkinder
rechnen üben,
dann tun sie das
mit Gelben Rüben:
Drei und drei
und eins
ist süben.

Jürgen Spohn

Der Maus genügt als Badewanne
der Deckel von der Kaffeekanne.

Paul Maar

Im Museum

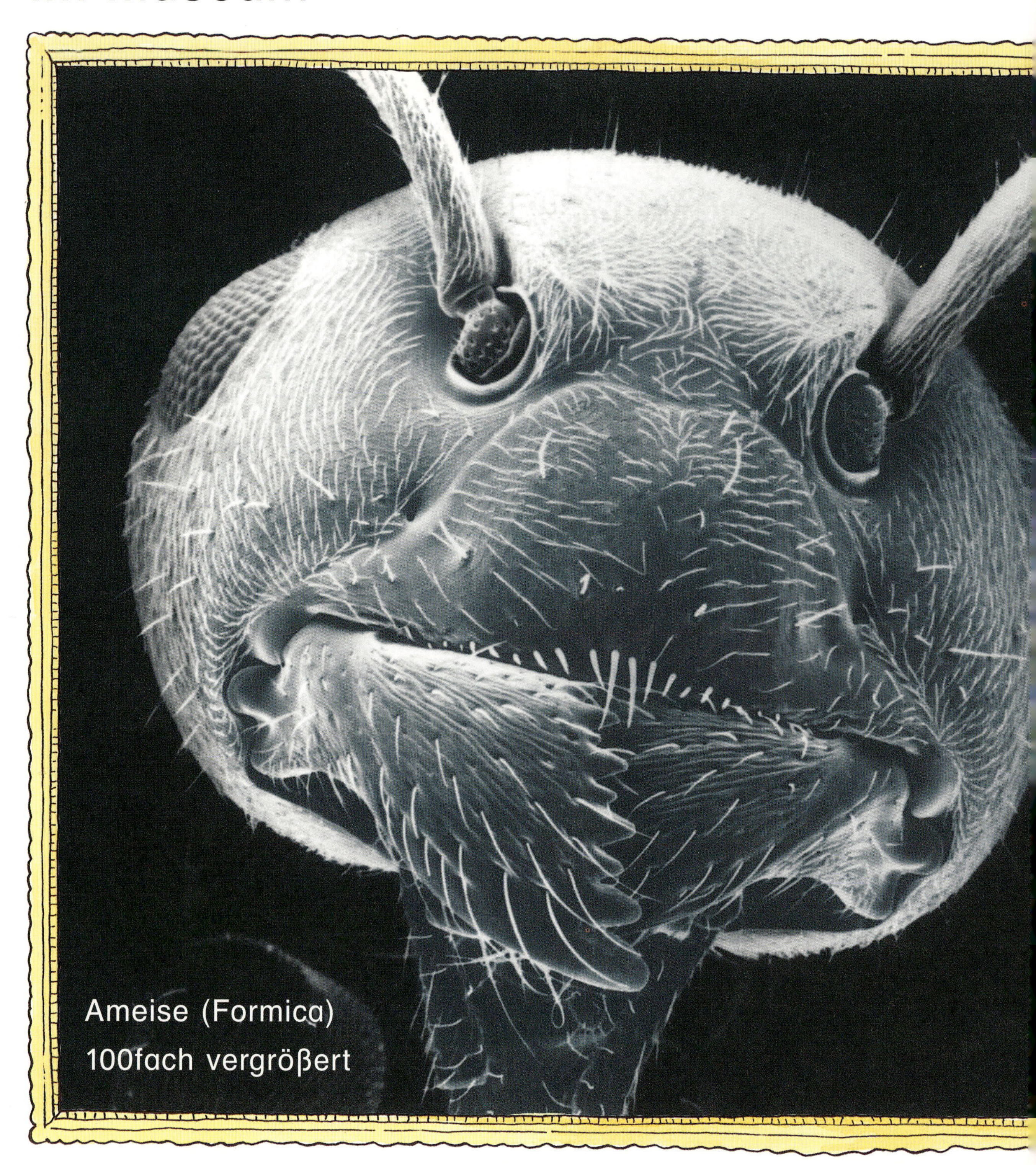

Ameise (Formica)
100fach vergrößert

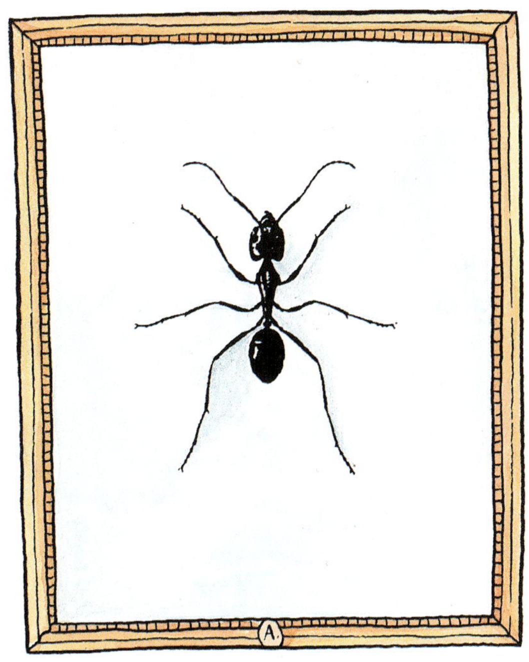

Ameisen leben auf der
ganzen Welt.
Es gibt 20 000 Arten.

Ameisen sind Insekten.
Insekten haben sechs Beine.

Ein Ameisenbild malen und dazu schreiben

Das war schön

Wir holen Papa vom Flughafen ab.

In Mamas Arm

Ich darf Omis Katze füttern.

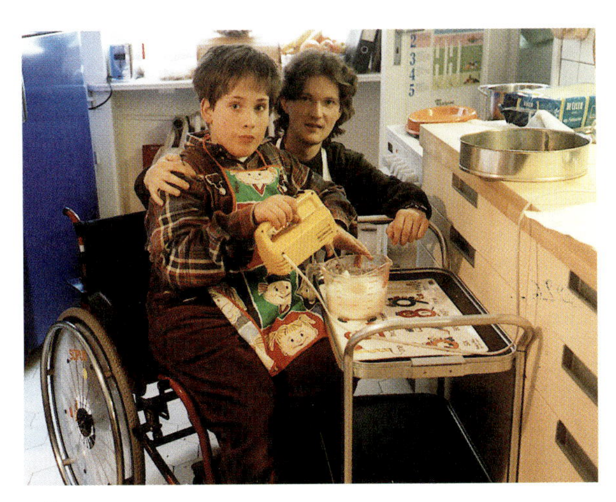

Tassilo backt Kuchen.

Der Wackelzahn ist raus.

Mit Papa im Wasser

Zum Vorlesen

Lukas Familie

Was macht Papa?
Papa geht in die Arbeit.
Was macht Mama?
Mama kocht.
Was macht Lukas?
Lukas geht in die Schule.
Was macht Jakob?
Jakob geht in den Kindergarten.
Was macht Lina?
In die Hose.

Lukas

Wenn ich groß bin

ICH WERDE MAL ASTRONAUTIN.
Ich esse ganz viel Pudding.
Ich werde riesengroß!
Ich bleibe lieber klein.

Als Oma klein war

Womit haben Kinder früher gespielt? Nachfragen und notieren

Was ich später werden will

Erhard Dietl

Wenn ich groß bin,
werde ich Dompteurin!

Dann reite ich auf meinem Lieblingslöwen
durch die Stadt.

Und ich dressiere Goldfische,
Hunde und Katzen.

Am schwersten ist
das Dressieren von Fliegen,

aber bei mir lernen sie sogar schreiben.
Dafür zeigen sie mir ...

Abenteuer im Weltall

der Jupiter

Mondrakete: Berühre mit deiner Nasenspitze den Stern.
Drehe das Buch links herum.

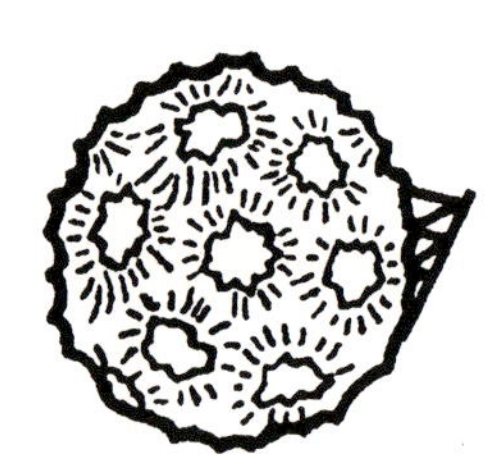

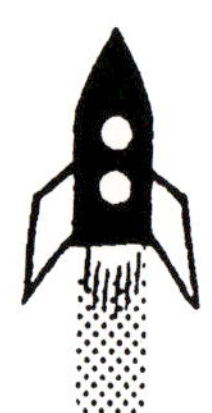

Die Sonne ist ein Stern.
Sie sendet selbst Licht aus.
Alle neun Planeten unseres Sonnensystems
umkreisen sie.

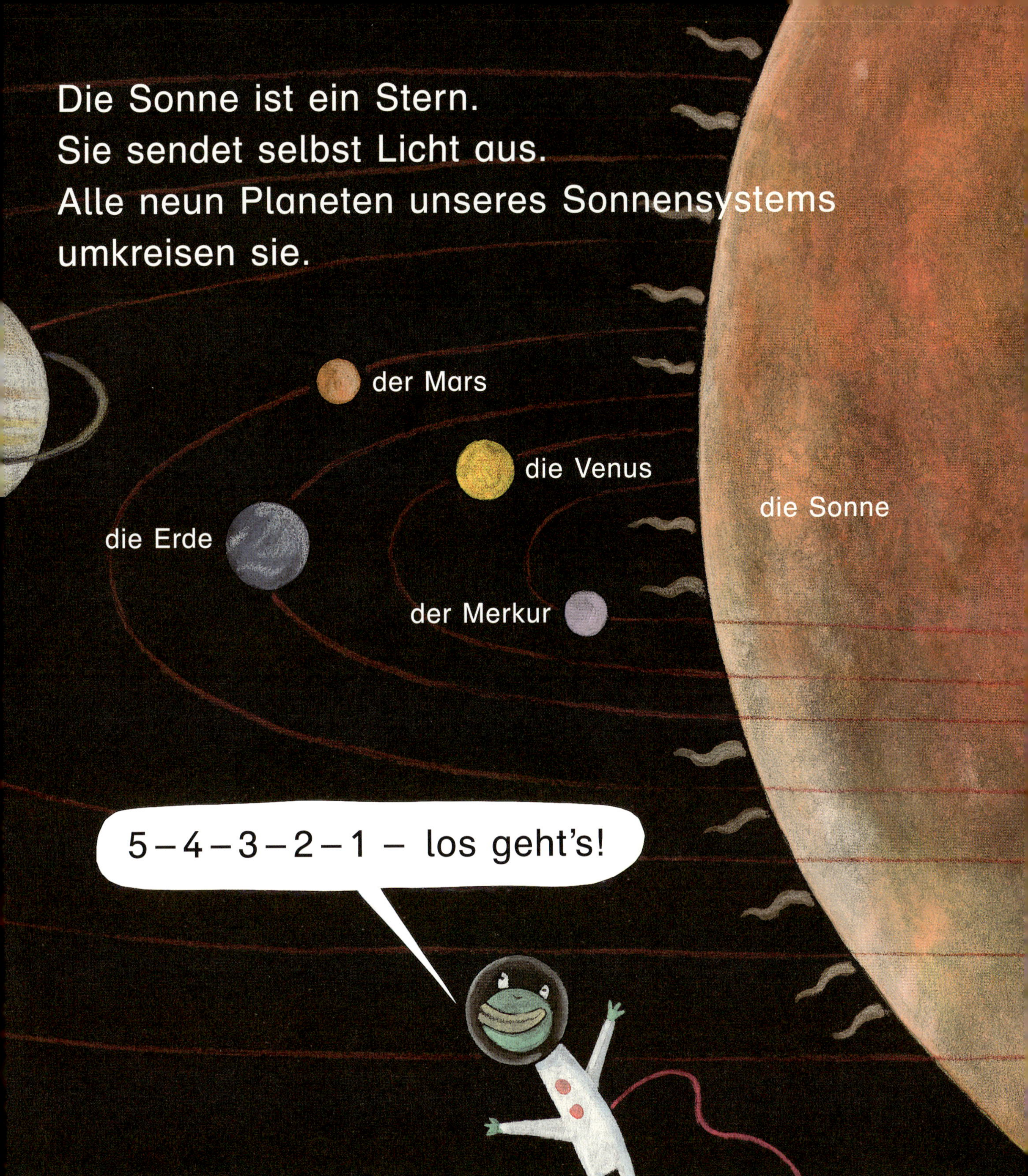

Reise zum Mond

Neil Armstrong war als erster Mensch auf dem Mond.

Erde

Fahrrad: 1 Jahr und 9 Monate

Rennauto: 53 Tage

Auf dem Mond ist es ganz still.
Auf dem Mond weht kein Wind.

Am Tag ist es glühend heiß.
Die Nächte sind eisig kalt.

Raumschiff APOLLO 11

Mondlandung
am 20. Juli 1969

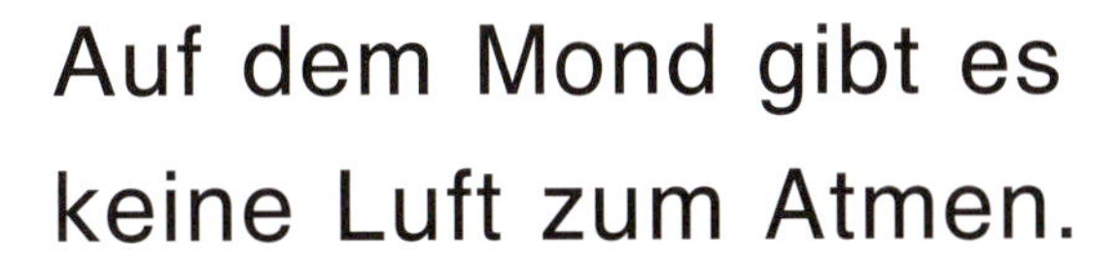

Auf dem Mond gibt es
keine Luft zum Atmen.

Auf dem Mond gibt es
keinen Tropfen Wasser.

Der Mond ist
voller Sand und Steine.

Mondauto

Düsenjet: 16 Tage

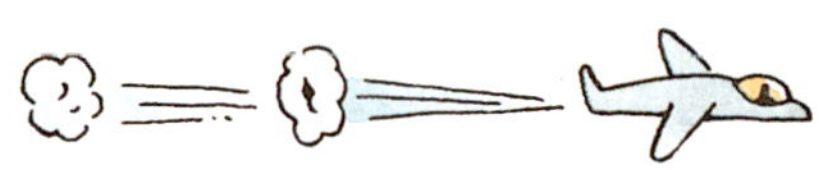

Rakete: 3 Tage

Mond

EIN ZETTEL MIT PUNKTEN

AUF EINEM TISCH

IN EINEM HAUS

IN EINER STADT

Bernd Hennig

Einen neuen Startplatz finden und malen, z. B. ein Fleck, auf einer Hose, an einem Kind, ...

Ich sehe was, was du nicht siehst

Joan Steiner

Rätsel

1. Was hat vier Beine
   und kann nicht laufen?

2. Wo du stehst, da steht er.
   Wo du gehst, da geht er.
   Wo du ruhst, da ruht er.
   Was du tust, das tut er.

3. Zwei Eingänge hat das Haus
   und wenn man
   mit den Füßen heraus ist,
   ist man erst richtig drin.

4. Was geht über Wasser
   und wird nicht nass?

5. Welche Schuhe trägt man
   nicht an den Füßen?

6. Wer hat Zähne
   und kann nicht beißen?

Lösungswörter mit der richtigen Nummer aufschreiben

Im Geisterschloss

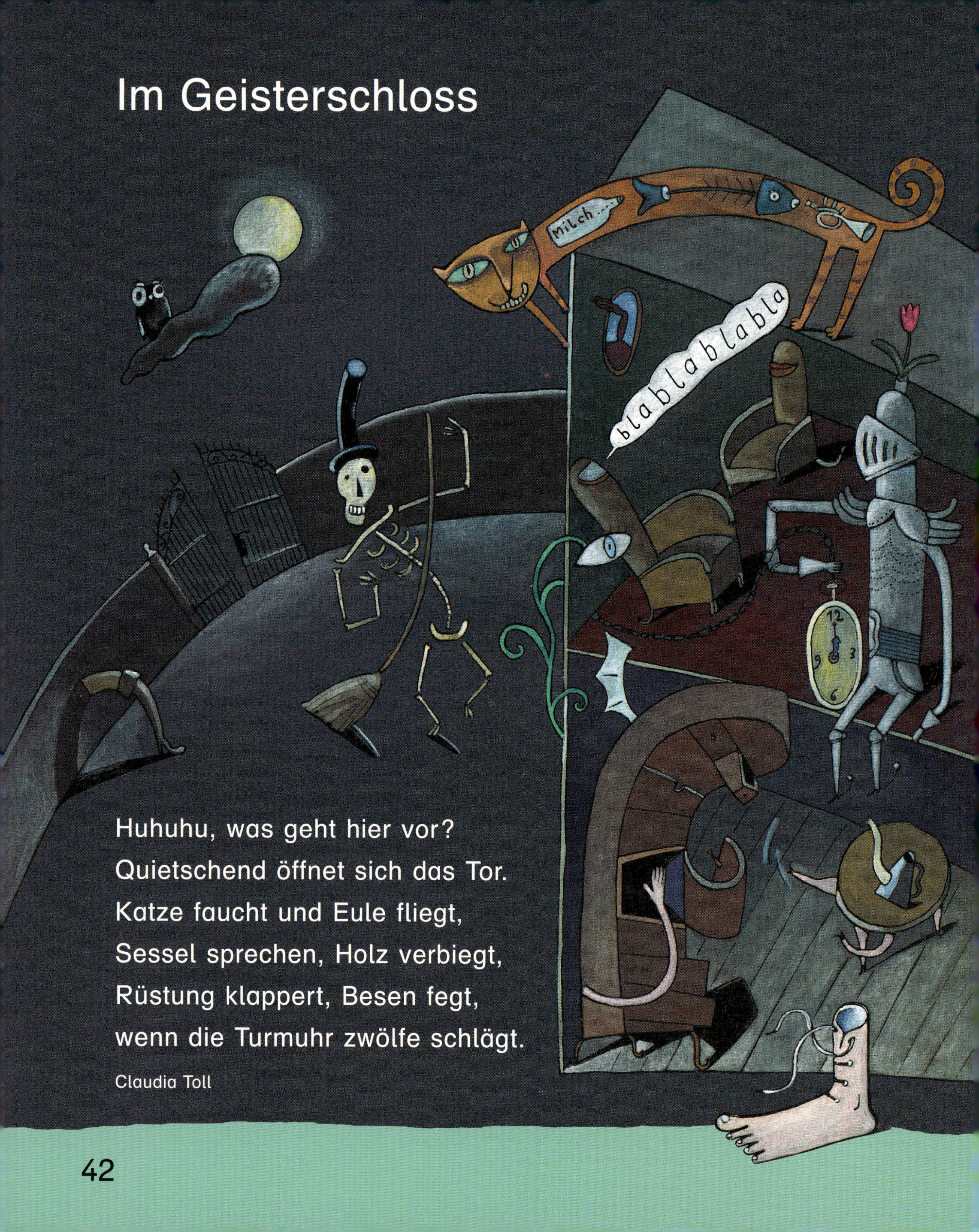

Huhuhu, was geht hier vor?
Quietschend öffnet sich das Tor.
Katze faucht und Eule fliegt,
Sessel sprechen, Holz verbiegt,
Rüstung klappert, Besen fegt,
wenn die Turmuhr zwölfe schlägt.

Claudia Toll

So kannst du ein Gespenst basteln

Das brauchst du:

So geht es:

1. Lege das Tuch über die Kugel.

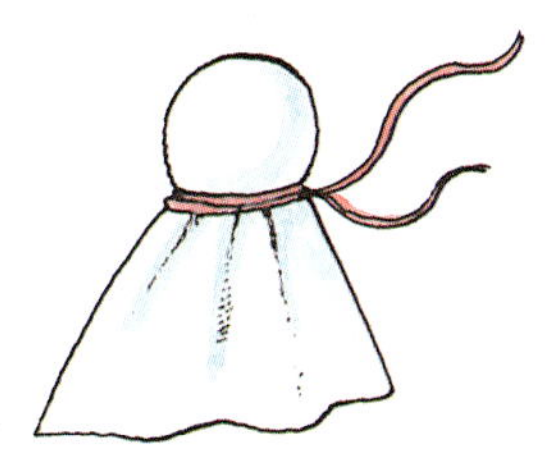

2. Binde die Schnur um den Hals.

3. Male ein Gesicht auf.

Was tut ein Gespenst um Mitternacht?

Henri, das Gespenst

Jacques Duquennoy

Seit einiger Zeit hat
Henri nichts als Ärger.

Zuerst waren es
die Masern.

Der Doktor kam
und hörte ihn ab.
„Hi, hi, das kitzelt!“

Er musste Pillen
schlucken.
Gleich ging es ihm
viel besser.

Doch wenig später
fiel er von einem Baum:
Jetzt brauchte er
ein Pflaster.

Am Tag darauf traf ihn
ein Zweig am Kopf.

Am übernächsten Tag,
als er gerade zeigen
wollte, wie alles
geschehen war, fiel er
wieder hin.

Doch das alles war gar nichts im Vergleich zu dem,
was Henri nun passierte.

Meg, die Hexe Helen Nicoll

Meg ist eine Hexe aus England.

Sie macht sich fein für die Hexenparty.

party

stockings

black

shoes

black shoes

Wer kann das übersetzen?

cloak

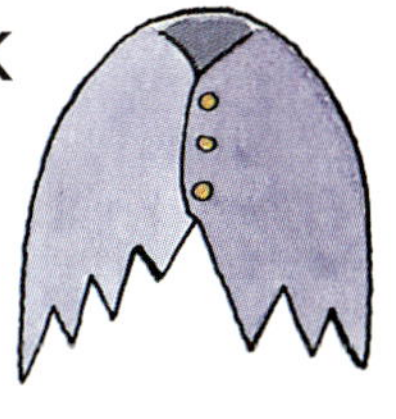

hat

Daniel zeigt seine Dino-Ausstellung

Daniel erklärt dazu:

Die Dinos haben vor 130 Millionen Jahren gelebt.

Jetzt sind sie ausgestorben.

Manchmal finden Forscher noch Knochen von ihnen.

Es hat große und kleine Saurier gegeben.

Der Brontosaurus war der größte Dino.

Das ist mein Saurierland.
Ich habe es für meine
Figuren gebaut.

Er war so schwer wie 7 Elefanten.
Er war so lang wie 7 Autos.
Er war so hoch wie ein Haus.

Wenn ein Löwe in die Schule geht

Wenn ein Löwe in die Schule geht,
lernt er:
brüllen und schleichen
und mit weichen Tatzen
kratzen.

Wenn ein Hase in die Schule geht,
lernt er:
mümmeln und lümmeln,
hoppeln und springen,
aber nicht singen.

Wenn ein Rasenmäher in die Schule geht,
lernt er:
Rasen scheren,
Ruhe stören,
schneidig blinken
und stinken.

Wenn ein Floh in die Schule geht,
lernt er:
Hochsprung und beißen,
das will schon was heißen.

Wenn die Kinder in die Schule gehen,
lernen sie:
lesen, rechnen, schreiben,
auf den Plätzen bleiben,
sie lernen von Blumen und Spatzen
und warum die Luftballons platzen.

Wenn ein Schnittlauch in die Schule geht,
lernt er:
sich recken und strecken,
schön grün sein
und auf dem Butterbrot schmecken.

Friedl Hofbauer

Und was kannst du?

„Ich kann einen riesengroßen Käse tragen“,
sagte die Maus zum Storch.
„Und was kannst du?“

„Oh … Hm … Ha!

Ich kann ganz lange
auf einem Bein stehen
und ich fliege in einer Woche
bis nach Afrika“,
sagte der Storch zur Katze.
„Und was kannst du?“

„Oh ... Hm ... Ha!

Ich kann wunderschön schnurren,
mich wie ein Kissen zusammenrollen
und dir den Bauch wärmen“,
sagt die Katze zu dir.
„Und was kannst du?“

Jetzt bist du dran zu überlegen, was du kannst.
Schreib es auf.

Und nun geh zu deiner Mama
oder deinem Papa
oder zu einem Freund,
erzähl es ihnen und frag sie:
„Und was kannst du?“

Leo Löwe

Tommy ist kein Angsthase

Tommy ist ein Angsthase.
Das sagen alle.
Und dann sagen sie immer:
„Du brauchst keine Angst
zu haben, Tommy.“

Tommy hat aber Angst.

An seinem Geburtstag
kann er sich nicht richtig freuen.
Er hat Angst, dass die Luftballons
platzen und dass seine Freunde
nicht kommen.

Aber die Luftballons
sind nicht geplatzt.
Seine Freunde sind gekommen.
Und ein Geschenk
hat er auch bekommen.
Als er es vorsichtig auspackt,
streckt sich ihm eine kleine
schwarze Nase entgegen.
„Hurra, ein Beschütz-mich-Hund!“,
freut er sich.

Tommy ist jetzt kein Angsthase mehr.

Klaus Baumgart

Ob das an seinem
Beschütz-mich-Hund liegt?

In Deutschland ist es 8 Uhr

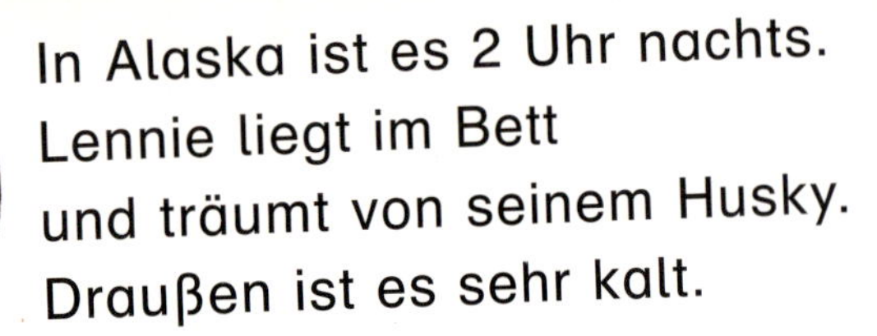

In Alaska ist es 2 Uhr nachts.
Lennie liegt im Bett
und träumt von seinem Husky.
Draußen ist es sehr kalt.

In Moskau ist es 10 Uhr.
Olja freut sich auf die erste Pause.
Sie hat heute Blinis dabei.
Das sind gefüllte Pfannkuchen.

In London ist es 7 Uhr.
Sarah wird gerade
von ihrer Mutter geweckt.
Sie kann die Glocken
von Big Ben hören.

In Deutschland ist es 8 Uhr.
Katrin sitzt in der Schule
im Morgenkreis.

In Kenia ist es 9 Uhr.
Tiklu sitzt in der Schule
unter den Bäumen.
Der Lehrer erklärt die Uhr.
Es ist sehr, sehr heiß.

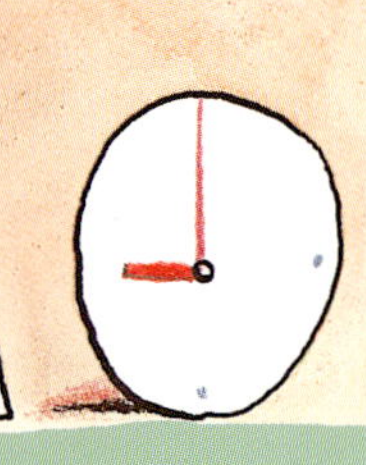

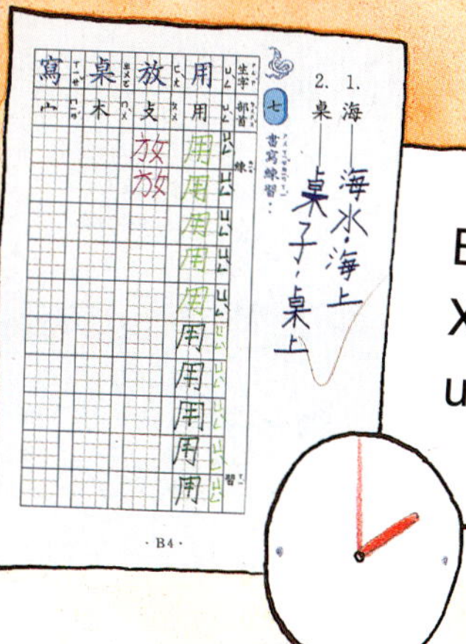

Bei Xiao Yü in China ist es 14 Uhr.
Xiao Yü ist noch in der Schule
und übt die chinesische Schrift.

Auf den Fidschi Inseln ist es 18 Uhr.
Epi spielt mit seinen Freunden
vor dem Haus.
Wenn jemand vorbeikommt,
grüßen sie: „Bula!“

Bei Tom in Australien ist es 16 Uhr.
Er fährt mit seinem Vater
im Auto zum Strand.
Da hüpft ein Känguru über die Straße.

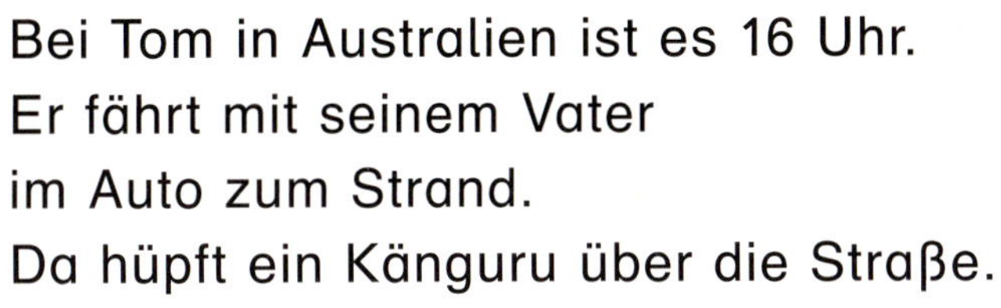

Bei Rani in Indien ist es 12 Uhr.
Es ist sehr heiß.
Der Gewürzmarkt ist vorbei.
Rani und ihre Mutter sammeln
Pfefferkörner vom Boden auf.

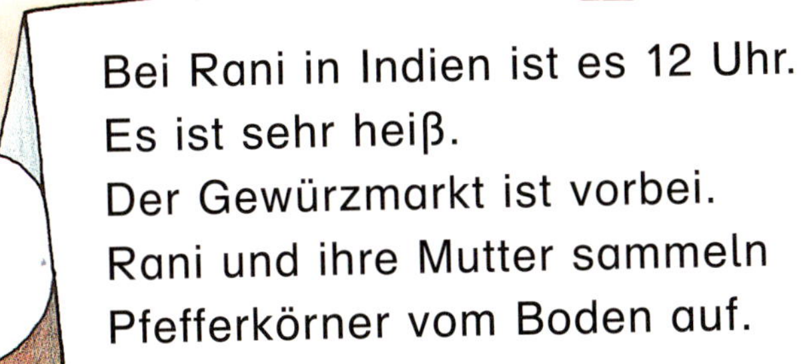

Uhren malen und dazuschreiben, was zu diesen Zeiten passiert

Postkarten aus den Ferien

Pfronten im Allgäu

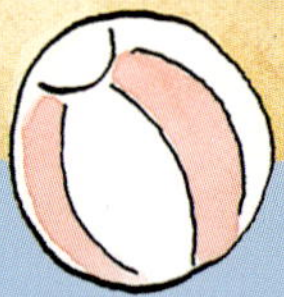

PFRONTEN im Allgäu
Ort mit Kienberg
Viele Grüße aus dem Allgäu sendet euch Hansi. Gestern waren wir auf diesem Berg. Ich war schneller als Papa. Aber heute habe ich Blasen an den Füßen. Tschüss!
Familie
Kindermann
Südl. Hildapro
76133 Karl
DE
Pisa (Toscana)
La torre Pendente
Lieber Markus, dies ist der schiefe Turm von Pisa. Ich hatte Angst, dass er umfällt, darum bin ich nicht hochgestiegen. Kuss Deine Omi-Angsthase
An
Markus Müller
Scharrerstr. 100
90478 NÜRNBERG
GERMANIA
Kusadasi-TÜRKIYE
Sevgili Hilal, hier scheint immer die Sonne. Jeden Tag gehe ich mit meinem Opa zum Meer. Jch bringe dir eine Muschel mit. Sevgilerimle Tuba
Hilal Büyük
Kindlerstr. 1
81371 München
DEUTSCHLAND
EIS
VANILLE
SCHOKO
ZITRONE
ERDBEER
KUGEL-EIS

Das Geschenk

Aliki Brandenberg

Gefühle können sich schnell ändern.

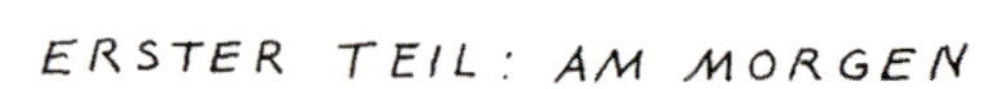

ZWEITER TEIL: DAS GESCHENK

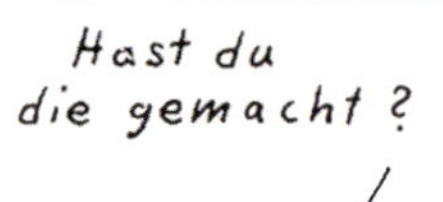

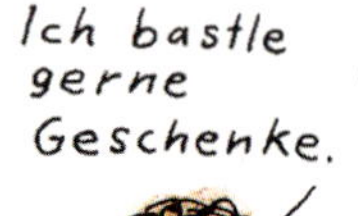

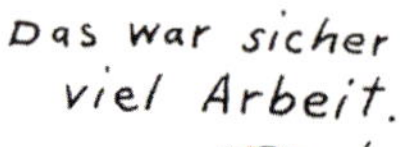

So kannst du eine Sonnenuhr basteln

Das brauchst du:

So geht es:

Male auf die Pappe
eine halbe Sonne.

2.

Klebe den Korken
an diese Stelle.
Zeichne hier einen Strich
für 12 Uhr ein.

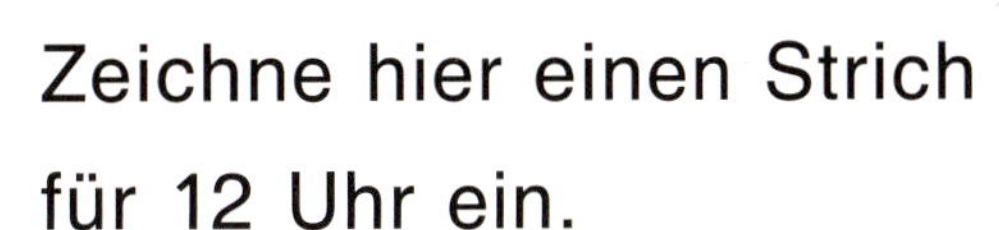

Stecke den Holzspieß so
in den Korken.

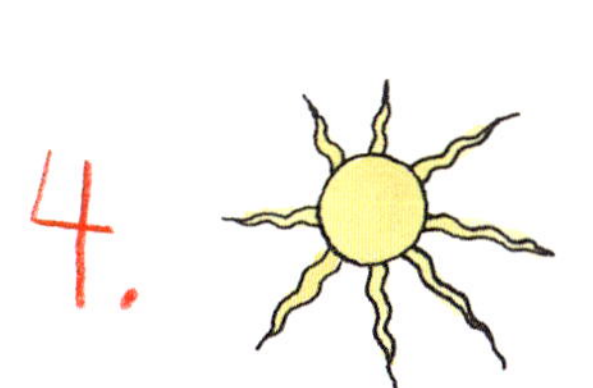

Suche einen festen Platz
für die Uhr.
Drehe sie um 12 Uhr so,
dass der Schatten des Zeigers
genau auf die 12 zeigt.

Markiere am nächsten Tag mit einem Stift jede Stunde.

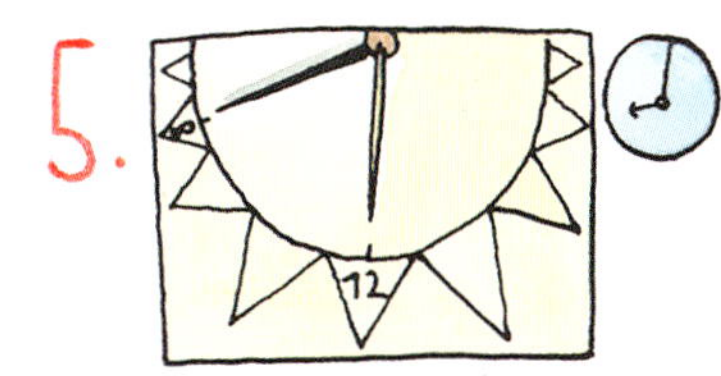

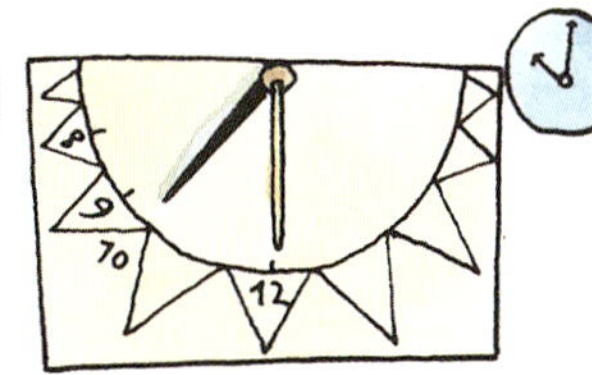

Die Sonnenuhr ist fertig.
Kannst du die Zeit ablesen?

Der Liebesbrief

„Weißt du, Frosch“, sagte Kröte,
„wenn ich auf die Post warte,
werde ich immer traurig,
richtig unglücklich werde ich dann.“

„Warum denn nur?“, fragte Frosch.
„Weil ich nie Post bekomme“, sagte Kröte.
„Überhaupt nie?“, fragte Frosch.
„Überhaupt nie“, sagte Kröte.
„Mir hat noch nie jemand geschrieben.
Jeden Tag schaue ich in den Briefkasten.

Er ist immer leer.
Und dann werde ich traurig."

Dann saßen die beiden auf der Treppe
und waren miteinander traurig.
Plötzlich sagte Frosch:
„Ich muss schnell nach Hause.
Ich habe was Wichtiges zu tun."
Er sprang auf
und rannte heim.

Arnold Lobel
und Tilde Michels

Es ist Post im Briefkasten

Eine E-Mail ist ein elektronischer Brief.
Sie wird von einem Computer
zu einem anderen Computer geschickt.
Das geht sehr, sehr schnell,
egal wie groß die Entfernung ist.

Unser Fußballspiel

für die Klasse 1b

Ergebnis:
8:6

Bewertung:
Faires Spiel

Alle schreien,
Thomas liest wie immer.

Frau Müller drückt uns
die Daumen.

Beş taş

Heute ist es langweilig im Hof.
Keiner kennt ein neues Spiel.

Ayşe und Onur kommen dazu.
„Wir zeigen euch ein Spiel aus der Türkei.
Es heißt beş taş, das bedeutet auf Deutsch: fünf Steine.
Dazu müsst ihr erst die türkischen Zahlen
bis 5 lernen!“

Tobias und Melanie lernen
die türkischen Zahlen:
1 heißt bir,
2 heißt iki,
3 heißt üç
4 heißt dört,
5 heißt beş.

„Jetzt müssen wir fünf kleine Steine sammeln.
Bir, iki, üç, dört, beş –
wir haben fünf Steine gefunden!“

Ayşe erklärt das Spiel:
„Du musst alle fünf Steine
in die Hand nehmen
und in die Luft werfen.
Dreh deine Hand ganz schnell um.
Wie viele Steine hast du
auf deinem Handrücken
wieder aufgefangen?
Sag es ganz schnell!“

Melanie ruft: „Ich habe üç.“
Tobias ruft: „Ich habe iki.“

Wer hat mehr?

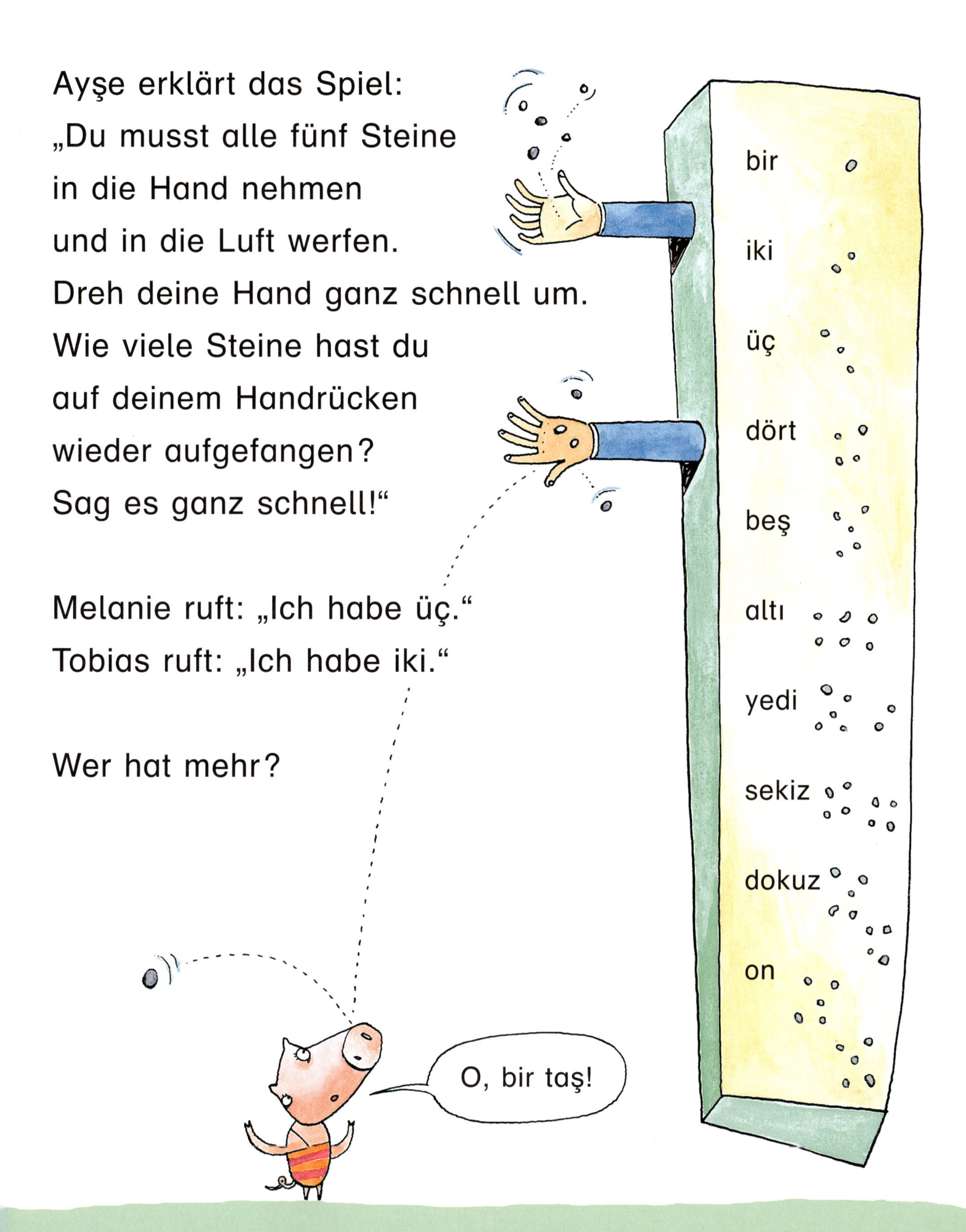

Joschi Tintenkatz

Erwin Moser

Das ist Joschi Tintenkatz.
Joschi ist ein großer Künstler.
Er ist Maler, Erfinder und
Architekt in einem.

Joschis Turmzimmer ist voll mit
Hunderten von Plänen.
Wer ein besonderes Haus will,
kommt zu Joschi Tintenkatz.

Für Kater Friedensreich,
zum Beispiel,
hat Joschi dieses
Wasserschlösschen entworfen.

Oder dieses Baumhaus
für Kathi und Kurt Eichkatz.
Kühl im Sommer und
warm im Winter.

Für Viktor von Grille hat Joschi
das Haus auf der Sonnenblume
erfunden.
Sonnenblumen drehen sich
tagsüber immer der Sonne zu.

Was sich Joschi wohl
für sein eigenes Haus
ausgedacht hat?

Tricks mit Luft

Wie weit fliegt die Rakete?
1. Start
Marco, Sabine, Sedat
bis zum 2. Stuhl
2. Start
Aylin, Tobias, Kerstin
bis
Die Papierkugel fliegt in die Flasche, oder?

Raumschiff
FF

Durch das weite Weltall saust ein kleines Raumschiff.

Vorsicht!
Eine Sternschnuppe!
Nur ruhig!
Geschafft!
Oink, oink …
Das ist Ferkel, der Pilot.
Frosch ist sein Kopilot.

Sie fliegen vorbei an Sonnenmeeren!
Doch plötzlich …
Ein fremdes Raumschiff auf dem Bordcomputer!

Stephan Baumann

Was könnte die Abkürzung FF bedeuten?

Isabella Blubberbauch

David McKee

Isabella war ein
sehr liebes Mädchen.
Sie war hilfsbereit
und sie tat stets,
was man ihr sagte.
Aber Isabella hatte
einen lauten Bauch.

In der Schule blubberte
ihr Bauch.
Die anderen Kinder
kicherten.

„Warst du das, Isabella?“,
fragte die Lehrerin.
„Nein, das war mein Bauch“,
antwortete Isabella.

„Du hast nicht genug Bewegung, Isabella“,
sagte ihr Vater.
„Kein Wunder, dass du einen lauten Bauch hast.“
Isabella stand früher auf
und rannte durch den Park.

Isabella musste mit ihrer Mutter
zum Arzt gehen.
„Jeden Morgen einen großen Löffel
von dieser Medizin“, sagte er.

In der Schule blubberte und rumpelte
und brummelte Isabellas Bauch.
„Ho, ho, ho“, spotteten
die anderen Kinder.

An diesem Tag ging die Lehrerin
mit den Kindern in den Zoo.
Als sie zum Tiger kamen,
war es gerade Zeit
zum Füttern.
Der Wärter öffnete das Gitter.
Dann rutschte er aus.
Der hungrige Tiger machte
einen Sprung vorwärts,
starrte die Kinder an
und brüllte.
Die Kinder ...

Sag nein!

Anna isst Gummibärchen.
Ein großer Junge kommt vorbei.
„Darf ich auch welche haben?“

„Nein!“, sagt Anna leise.
„Ich möchte sie gern selber essen.“

Aber der Junge hört nicht und schnappt sich
ein paar Bärchen aus der Tüte.
„Die sind gut! Ich will mehr!“

„Nein!“, flüstert Anna wieder.

Aber der Junge hört nicht
und nimmt ihr einfach die ganze Tüte weg.
„Wenn du mir einen Kuss gibst,
bekommst du sie wieder!“

Da reicht es Anna!
Sie steht auf. Sie macht sich ganz groß!
Sie brüllt: „Nein! **Nein!** **Nein!**

Ich will nicht!“

Und dann?

Marienkäfer

Der Marienkäfer ist ein Insekt.
Er hat sechs Beine.
Die meisten Marienkäfer haben
sieben schwarze Punkte
auf ihren Deckflügeln.

Zum Fliegen spannt der Marienkäfer
seine Hautflügel aus.
Sie sind fast durchsichtig.
Beim Landen faltet er sie
unter seinen Deckflügeln
wieder zusammen.

Bei Gefahr dreht sich ein Marienkäfer
auf den Rücken und stellt sich tot.
Dabei quillt aus den Gelenken seiner Beinchen
ein übel riechender gelber Saft.
Der Saft schreckt seine Feinde ab.

Im Frühling legt das Weibchen
seine Eier ab.
Nach einigen Tagen
schlüpfen die Larven aus.
Sie fressen sich mit Läusen satt
und verpuppen sich.
In der Puppe entwickelt sich
ein Marienkäfer.

Der Marienkäfer frisst
am liebsten grüne Blattläuse.
An einem Tag schafft er
bis zu 50 Stück.
Deshalb ist er sehr nützlich.

Freunde

Das ist der Hase Nulli.
Das ist der Frosch Priesemut.

Die beiden sind die dicksten Freunde.

Den ganzen Tag hocken sie zusammen ...
spielen zusammen ... und essen zusammen.

Der Hase Nulli isst am liebsten Möhren
und der Frosch Priesemut ist ganz versessen
auf dicke, fette Brummer.

„Willst du nicht auch mal Möhren essen?"
„Au ja. Au fein!" „Das ist eine gute Idee!"

Priesemut sah zu, wie Nulli die Mohrrübe –
krk, krk, krk – Stück für Stück in seinen Mund ratzelte.

„Aber ich hab doch gar keine Zähne",
sagte Priesemut.
Nulli dachte nach.
„Ich hab's", sagte er.
„Ich beiße die Möhren in ganz kleine Stücke
und du brauchst sie dann nur noch zu schlucken."
„Au ja, au fein!", sagte Priesemut.

Jetzt aßen beide zusammen Möhren.
„Aua, mein Bauch."

Priesemut sah gar nicht gut aus.
Nulli brachte ihm warmen Tee
und massierte sein Bäuchlein.

Am nächsten Tag ging es Priesemut wieder prima.
Er freute sich auf seine dicken, fetten Brummer.

Priesemut ließ immer nur einen Brummer
unter seiner Käseglocke heraus und – zack –
fing er ihn blitzschnell mit seiner langen Zunge.

Nulli wollte es ihm nachmachen,
aber er schnappte nur wild in der Luft herum –
und weg war der Brummer!

Doch er hatte eine Idee!
„Mit einem Strohhalm wird es klappen!“
Er öffnete die Käseglocke ein wenig
und saugte gleich drei Brummer in seinen Mund.
„Du musst sie runterschlucken“, sagte Priesemut.

Aber Nulli konnte nicht.
„Brrr“, sagte er laut – und schwupp –
flogen die Brummer auf und davon.

„Die schönen, fetten Brummer“, seufzte Priesemut
und schaute Nulli mit großen Augen an.

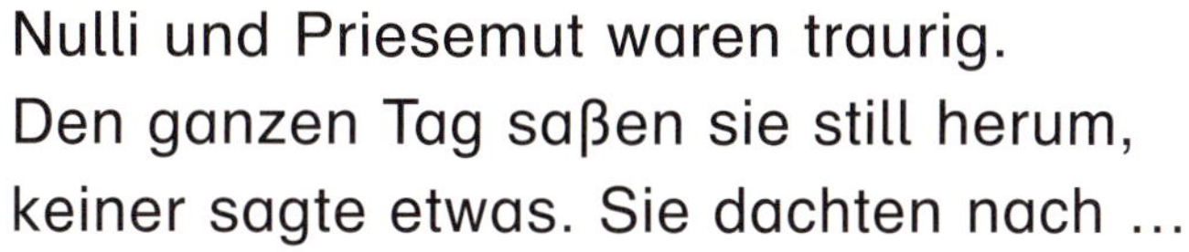

Nulli und Priesemut waren traurig.
Den ganzen Tag saßen sie still herum,
keiner sagte etwas. Sie dachten nach …

Sollten sie doch keine richtigen Freunde sein?

Matthias Sodtke

Streiten

Die Brücke

Worte Worte Worte
Worte Worte Worte Worte
Worte Worte
Worte Worte
Worte Worte
ICH Worte Worte DU

Mira Lobe

Ich nicht

Am Kuchenteller war ein Dieb.
Wo ist das Stück
das übrig blieb?
Ich war's nicht
sagt das Känguru
und hält sich
seinen Beutel zu.

Jürgen Spohn

Warum sich Raben streiten

Weißt du, warum sich Raben streiten?
Um Würmer und Körner und Kleinigkeiten,

um Schneckenhäuser und Blätter und Blumen
und Kuchenkrümel und Käsekrumen

und darum, wer Recht hat und Unrecht, und dann
auch darum, wer schöner singen kann.

Mitunter streiten sich Raben wie toll
darum, wer was tun und lassen soll,

und darum, wer erster ist, letzter und zweiter
und dritter und vierter und so weiter.

Raben streiten sich um jeden Mist.
Und wenn der Streit mal zu Ende ist,

weißt du, was die Raben dann sagen?
Komm, wir wollen uns wieder vertragen!

Frantz Wittkamp

Das Ober-Nerv-Geschwist

„Wieso ist meine Schwester
nur so eine dumme Gans?“,
denkt Stefan.
„Die ganze Zeit sitzt sie da
und liest Pferdebücher.
Geh lieber mit zum Strand!“

Jetzt sind sie schon drei Tage hier in Italien,
und Paula war noch nicht am Strand!
Stefan stört alles, was Paula macht.
Wenn Paula ihre neue Hose anhat,
sagt er: „Sieht furchtbar aus!
Total spießig!“

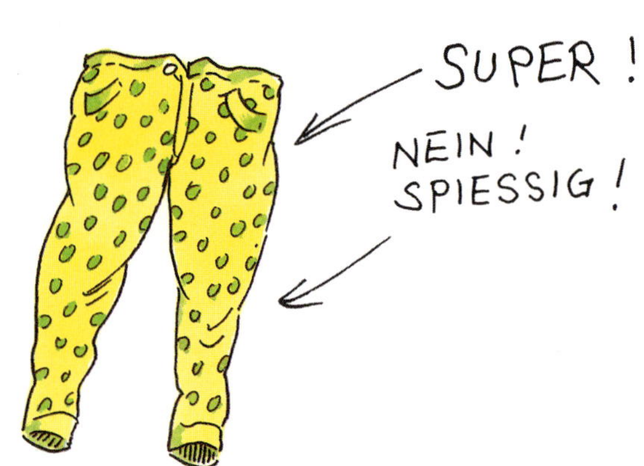

Wenn sie findet, dass das Eis besser schmeckt
als zu Hause, sagt Stefan:
„Nein, es schmeckt schlechter."

Umgekehrt geht das genauso.
Wenn Stefan sagt, dass die Nudeln weich sind,
findet Paula die Nudeln zu hart.
Wenn er vom grünen Meer erzählt, behauptet Paula:
„Das Meer ist blau, du bist farbenblind."

„Mit Geschwistern wie Paula
kann sich kein Mensch vertragen!", sagt Stefan.
„Die nerven immer."
„Und du", ruft Paula,
„du bist das Ober-Nerv-Geschwist!"

Erhard Dietl

Erhard Dietl stellt sich vor

Damit ihr seht, was ein Kinderbuch-Autor und Zeichner tagsüber so treibt, hab ich euch ein paar Fotos gemacht.

Hier arbeite ich gerade an der Vorderseite von „Die Olchis im Zoo“. Beim Zeichnen muss es ganz still sein. Wenn ein Floh hustet, muss er sofort vor die Tür und spazieren gehen.

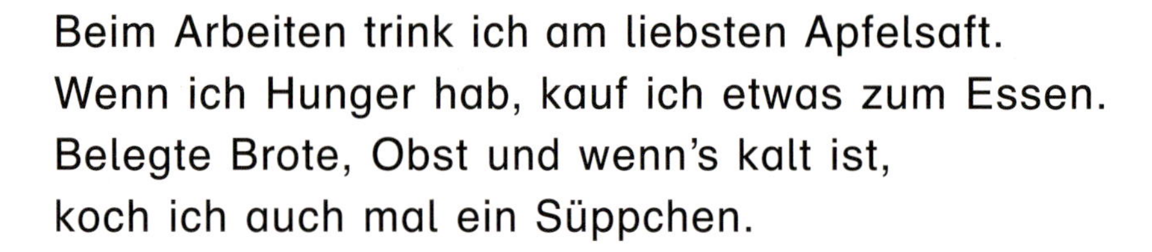

Beim Arbeiten trink ich am liebsten Apfelsaft.
Wenn ich Hunger hab, kauf ich etwas zum Essen.
Belegte Brote, Obst und wenn's kalt ist,
koch ich auch mal ein Süppchen.

Über neue Bücher nachdenken kann man überall:
im Auto, im Keller, beim Essen, auf dem Klo, im Bett.
Ich denke mir am liebsten draußen etwas aus.

Ich will noch viele neue Bücher machen,
bis mein Regal ganz voll ist.

Wenn ich vom Zeichnen müde bin,
dann hole ich meine Gitarre.
Ich spiele einfach drauf los,
das ist für mich sehr erholsam.

Manchmal denk ich mir auch neue Lieder aus
oder ich male zum Vergnügen nur für mich.
Dann dürfen die Flöhe auch wieder husten.

Das Foto hier sieht aus, als wär ich
der Lehrer. Falsch!
Ich hab nur mal wieder in einer Schule
aus meinen Büchern vorgelesen.

Julias Vater ist Polizist

Florian ist gerade bei Julia zum Spielen.
Julias Vater kommt von der Arbeit nach Hause.
Er trägt seine Uniform.
Julia erklärt, dass ihr Vater Polizist ist.
Das findet Florian toll.
Gleich stellt er Julia viele Fragen:

Hat dein Papa eine Pistole?
Bist du schon einmal im Polizeiauto mitgefahren?
Hat dein Papa einen Verbrecher festgenommen?

Da setzt sich Julias Papa zu ihnen und
erzählt von seiner Arbeit:
„Heute war ich mit dem Streifenwagen unterwegs.
Wir konnten einen Fahrraddieb festnehmen.
Er wollte gerade mit einer großen Zange
das Schloss aufbrechen. Aber wir haben ihn
auf frischer Tat ertappt.

Danach hat uns die Zentrale angefunkt.
In der Hauptstraße war ein Laster
ins Schleudern geraten und umgekippt.
Er hat einen Teil seiner Ladung verloren.
Wir mussten die Unfallstelle sichern.
Die Polizei hat aber noch viele andere Aufgaben.“

Julia und Florian finden die Polizeiarbeit aufregend.
Julia darf die Polizistenmütze aufsetzen
und Florian spielt einen Verbrecher.

Woran erkennt man einen Polizisten?

Was geschieht auf der Baustelle?

Mit dem Computer erfährst du mehr über diese Maschinen. Du kannst sie einzeln anklicken.

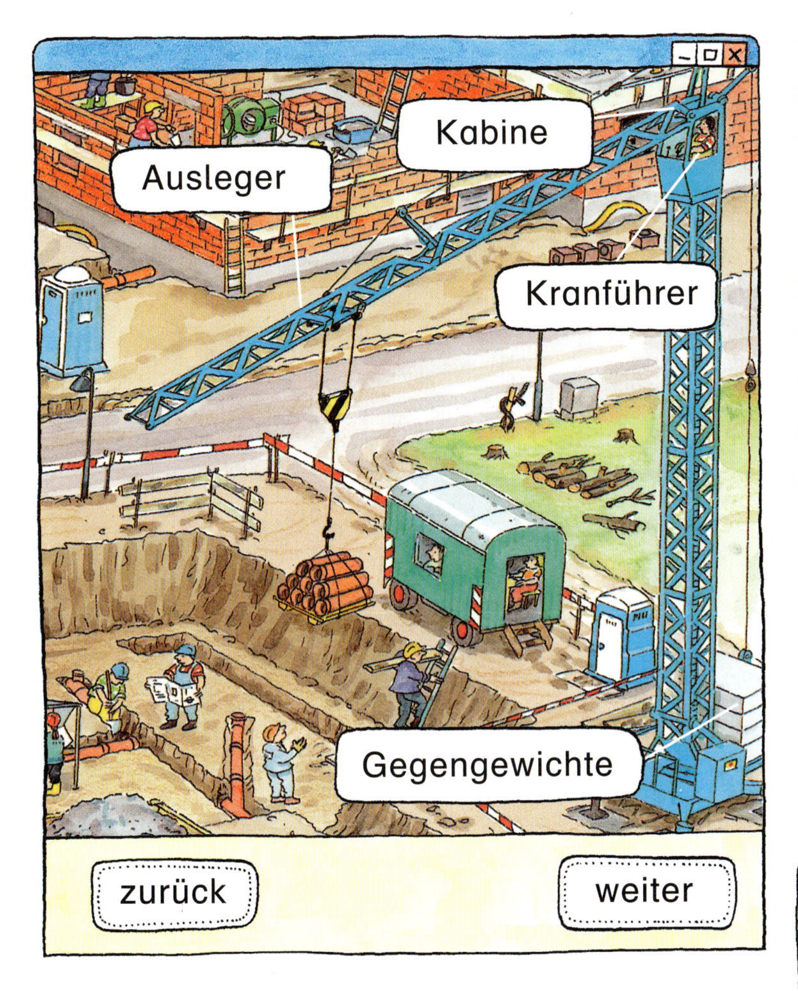

Der Turmdrehkran
hebt schwere Lasten
von einem Platz
zu einem anderen.

Der Kranführer kann
oft gar nicht sehen,
wo er die Last abladen soll.
Deshalb erhält er über Funk
genaue Anweisungen.

Der Löffelbagger ist sehr beweglich.
Der Fahrer kann das Führerhaus
mit der Baggerschaufel
in alle Richtungen drehen.
Er hebt damit Gräben aus.

Andere Bildteile „anklicken" und einen Text dazu schreiben

Erste Hilfe

Rosalie kann schon gut Inliner fahren.
Aber sie kann noch nicht gut bremsen.
Die Stufe hat sie viel zu spät gesehen.
So ein blöder Sturz!
Rosalie weint laut.
Ihr Daumen blutet und tut weh.

Theresa und David wollen Rosalie helfen.
Theresa möchte Krankenschwester werden,
deshalb hat sie immer ein sauberes Pflaster dabei.

Theresa und David fragen Rosalie,
was ihr weh tut.
Sie trösten Rosalie.
Sie kleben vorsichtig das Pflaster
auf die Wunde.
Sie helfen Rosalie beim Aufstehen
und bringen sie zu ihrer Mutti.

Zu Hause überlegt Theresa:
Habe ich alles richtig gemacht?
Die Wunde war so schmutzig.
Ich habe das Pflaster
auf die schmutzige Wunde geklebt.

Theresa sucht das kleine Heft vom Kindergarten.
Auf dem Heft ist ein rotes Kreuz.
Im Heft sind viele Tipps für die Erste Hilfe.

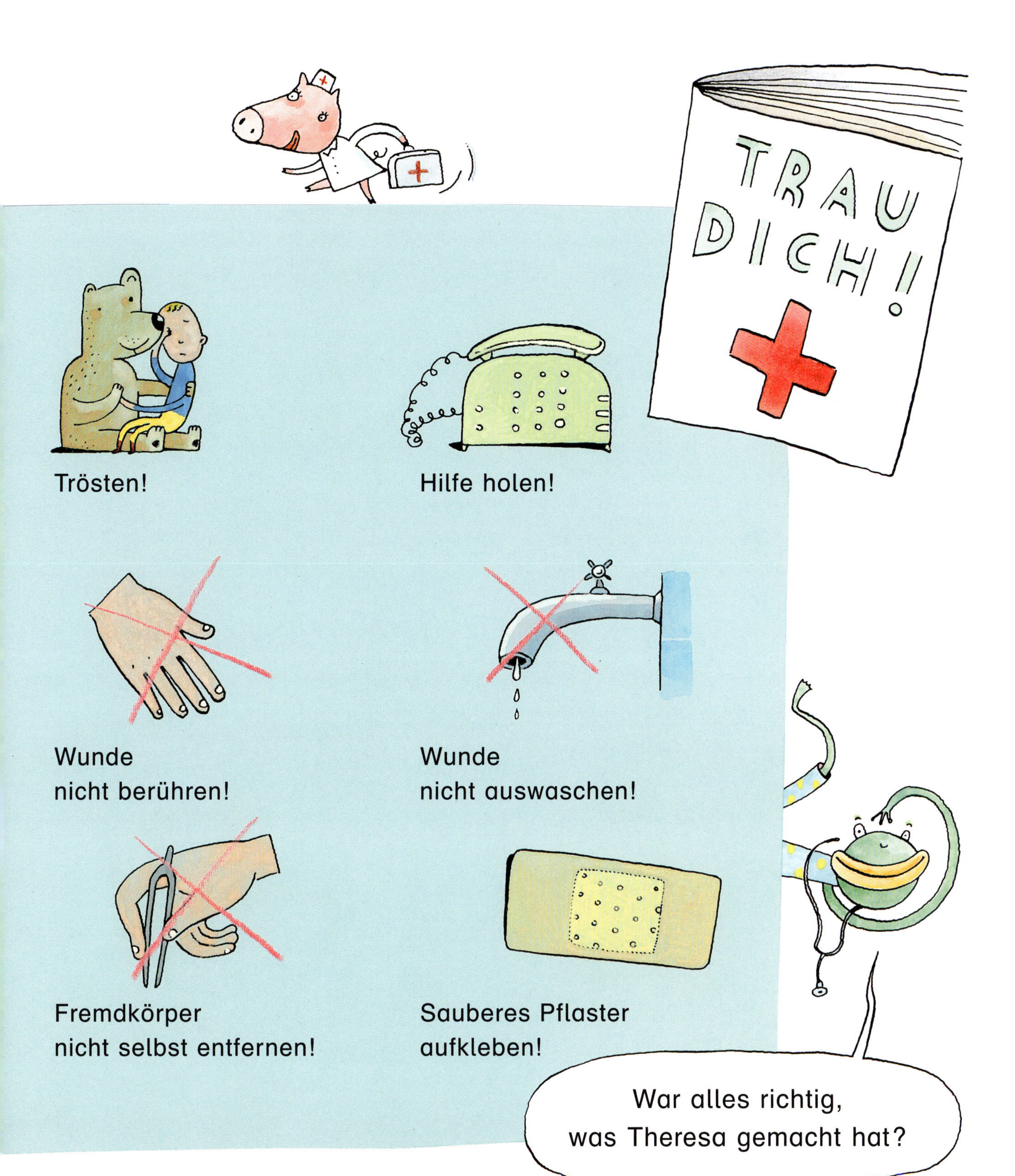
TRAU DICH!
Trösten!
Hilfe holen!
Wunde
nicht berühren!
Wunde
nicht auswaschen!
Fremdkörper
nicht selbst entfernen!
Sauberes Pflaster
aufkleben!
War alles richtig,
was Theresa gemacht hat?

Auch Gespenster machen Fehler

Am Wochenende dürfen Jenny und Ben
die Großeltern besuchen.
Diesmal bringen sie ihre Freunde
Katharina und Sergej mit.

Jenny und Ben wollen Gespenster spielen.
Sie schleichen auf den Dachboden
und verstecken sich hinter einer Tür.
Sie sind ganz leise.

Nach ein paar Minuten hören sie
Katharina und Sergej im Dachboden.
Jenny und Ben heulen laut und schaurig:
„Huhuuuu, huhuu!“

Aber Katharina und Sergej lachen nur.
Sie rufen: „Kommt raus!
Wir wissen schon, wo ihr seid!“

Da sind die beiden Gespenster gleich still.
Wie haben ihre Freunde das erraten?

Rumpelstilzchen

Es war einmal eine Müllerstochter.
Ihr Vater hatte damit geprahlt,
dass sie Stroh zu Gold spinnen
könne.
Dies sollte sie im Schloss
des Königs beweisen.
Weil sie das aber nicht konnte,
wurde sie sehr traurig.
Da kam ein Männchen zu ihr
in die Kammer und spann
das Stroh zu Gold.

Am ersten Tag gab sie ihm dafür
ihr schönes Halsband.
Am zweiten Tag gab sie ihm
ihren Ring.
Aber am dritten Tag hatte sie
nichts mehr.
Da forderte das Männchen:
„Dann versprich mir
dein erstes Kind!"

Gleich machte sich das Männchen
wieder an die Arbeit.

Als der König am Morgen das viele
Gold sah, heiratete er die Müllerstochter.
Bald darauf wurde das erste Kind
geboren.

Die Königin erschrak furchtbar,
als das Männchen plötzlich
vor ihr stand.
Sie versprach ihm alle Reichtümer
des Königreiches, wenn sie
das Kind behalten dürfte.

Aber das Männchen sprach:
„Etwas Lebendes ist mir lieber
als alle Schätze der Welt."

Die Königin musste aber so
bitterlich weinen, dass das
Männchen Mitleid bekam.

Es gab ihr ein Rätsel auf:
„Drei Tage hast du Zeit.
Wenn du bis dahin
meinen Namen weißt,
darfst du dein Kind behalten."

Sofort schickte die Königin
einen Boten ins ganze Land.
Er sollte sich nach Namen
erkundigen.
Am Abend sagte sie dem Männchen
alle Namen vor, aber jedes Mal
sagte es: „So heiß ich nicht!“

Am zweiten Tag sagte sie dem
Männchen die ungewöhnlichsten
Namen vor:
„Heißt du etwa Rippenbiest
oder Hammelwade
oder Schnürbein?“

Aber jedes Mal antwortete
das Männchen:
„So heiß ich nicht!“

Am dritten Tag kam der Bote
zur Königin und erzählte:
„Am Waldesrand tanzte ein
gar zu lächerliches Männchen
um ein Feuer und sang ein Lied:

Heute back ich, morgen brau ich,
übermorgen hol ich mir
der Königin ihr Kind.
Ach, wie gut, dass niemand weiß,
dass ich Rumpelstilzchen heiß.“

Der Königin fiel ein Stein vom
Herzen, als sie den Namen hörte.
Bald darauf kam das Männchen und
fragte die Königin:
„Nun, Frau Königin, wie heiß ich?“

„Heißt du vielleicht Kunz?
Oder Heinz?
Oder heißt du etwa
Rumpelstilzchen?“

„Das hat dir der Teufel gesagt!“,
schrie das Männchen und riss sich
vor Wut selbst mitten entzwei.

Kasper und der Hühnerdieb

Figuren: Kasper, Großmutter, Räuber
Das wird gebraucht: Sack mit Hühnern und Eiern, Pistole, Korb, Busch

Großmutter: Wo ist denn dieser Kasper wieder?
Kinder, helft mir mal rufen!

Kinder: Kaaaaaaasper! lauter Kaaaaaaaaasper!

Kasper: kommt angelaufen Potzblitz, warum schreit ihr denn so laut? Ich bin doch schon da!

Großmutter: Kasper, sei so nett, lauf zum Hühnerstall und hole deiner guten Großmutter ein paar Eier.
Heute gibt es nämlich Eierkuchen!

Kasper: singt Mmmh, Eierkuchen, fein und lecker. –
Das mag der Kasper-Oberschlecker! nimmt Korb und geht davon, schaut sich suchend um
Nanu, wo sind denn die Hühner?
Schlipperdibix – da hat doch einer unsere Hühner geklaut!
Das muss ich gleich meiner armen Großmutter sagen!

Räuber: läuft mit Sack über die Bühne, Hühner gackern
Ho-ho, haltet endlich euren Hühnerschnabel, sonst drehe ich euch den Hals um!
Mit eurem blöden Gegacker verratet ihr mich noch!
Räuber sieht sich hastig um und verschwindet wieder.

Kasper schleudert den leeren Korb durch die Luft.

Großmutter: Kasper, pass doch auf!
Du zerbrichst noch die Eier!

Kasper: Oh, oh, liebe Großmutter, ich habe keine Eier!

Großmutter: Was soll das denn schon wieder heißen?

Kasper: Da hat einer unsere Hühner gestohlen!

Großmutter: Wie? Was? Hühner gestohlen?

Kasper: Du brauchst dir keine Sorgen zu machen.
Ich, der Kasper, finde holldriho den Hühnerdieb.
leise zu den Kindern Aber wie mache ich das nur?
grübelt Kinder könnt ihr mir da vielleicht helfen?
Die Kinder erklären, dass der Räuber die Hühner gestohlen hat.
Der Räuber Tunichtgut, das kann gefährlich werden!
blickt nach unten, entdeckt plötzlich etwas im Gras
Sapperlott! Was liegt denn da? Die Räuberpistole!
Hi-hi-ho-ho, da hat doch tatsächlich der böse Räuber seine Pistole verloren! Na warte, dich krieg ich, Räuber!
leise zu den Zuschauern Ich verstecke mich hinter dem Busch und warte. Kasper versteckt sich.

Räuber: blickt sich suchend um
Verflixt, wo hab ich nur meine Pistole verloren?
Still, blödes Hühnerpack!

Kasper: mit Pistole in der Hand Halt! Hände hoch! Keine Bewegung!
Sonst muss ich – schlipperdibax – schießen!
Her mit den Hühnern! Das ist ein Befehl!

Räuber: Hi-Hi-Hilfe! Kasper, tu mir nichts!
Hier hast du deine Hühner! Ich verschwinde lieber
leise zu den Kindern und klaue die Hühner
erst nächste Woche wieder! rennt davon

Kasper: Papperlapapp – hau endlich ab!
Dem hab ich es aber gegeben! holt Hühner und drei Eier aus dem Sack
Jetzt muss ich schnell zur Großmutter
und ihr alles erzählen.
Großmutter! Groooooßmutter! Vorhang zu.

Kasper spitzt noch einmal durch den Vorhang.

Kasper: Ratet mal, was es heute zum Mittagessen gibt?
Meine weltallerallerliebste Lieblingsspeise!

ELMAR David McKee

Es war einmal eine Elefantenherde.
Es gab junge Elefanten, alte Elefanten,
große, dicke und dünne Elefanten.
Alle waren elefantenfarben.
Nur ELMAR nicht.
ELMAR war ganz anders.
ELMAR war kariert.
ELMAR war gelb
und orange
und rot
und rosa
und lila
und blau
und grün
und schwarz
und weiß.

ELMAR war überhaupt nicht elefantenfarben.
Wenn ELMAR da war, gab es immer was zu lachen.

Eines Abends konnte ELMAR nicht einschlafen.
Er hatte keine Lust mehr, so ganz anders zu sein.

Am nächsten Morgen schlich er leise davon.
ELMAR lief so lange durch den Dschungel,
bis er einen großen Busch fand,
einen großen Busch voller Beeren,
einen großen Busch voll mit
elefantenfarbenen Beeren.
Er wälzte sich in den Beeren,
bis er so aussah
wie jeder andere Elefant.

Zufrieden machte er sich auf den Rückweg.
Als er bei seiner Herde ankam, schliefen die Elefanten.

Keiner bemerkte ELMAR.
Sie standen alle still und stumm da.
ELMAR fand das so komisch,
dass er den Rüssel hob und laut BUUH! brüllte.
Vor Schreck purzelten die Elefanten durcheinander.
Aber dann sahen sie ELMAR.

„ELMAR!“, riefen sie. „Das kann nur ELMAR sein!“
Sie lachten so laut, dass die Regenwolke sich zusammenzog.
Ein gewaltiger Regen rauschte herunter.
Der Regen wusch ELMARS graue Farbe wieder ab.
Jetzt sah er so bunt aus wie zuvor.

Diesen Tag nannten die Elefanten ELMARS-Tag.
Und so feierten sie ihn jedes Jahr:

Was war am ELMARS-Tag
anders als sonst?

Flaschenpost
… eine Geschichte mit zwei Enden

Zehn Tage ist Ben nun mit seinen Eltern im Urlaub.
Zehn Tage am Strand.
Er hat große und kleine Sandburgen gebaut.
Er hat viele Muscheln gesammelt.
Er kann schon schwimmen.
Es ist schon fast langweilig.

Da findet er im Sand eine Flasche.
Drinnen steckt eine
kleine Rolle aus Papier.

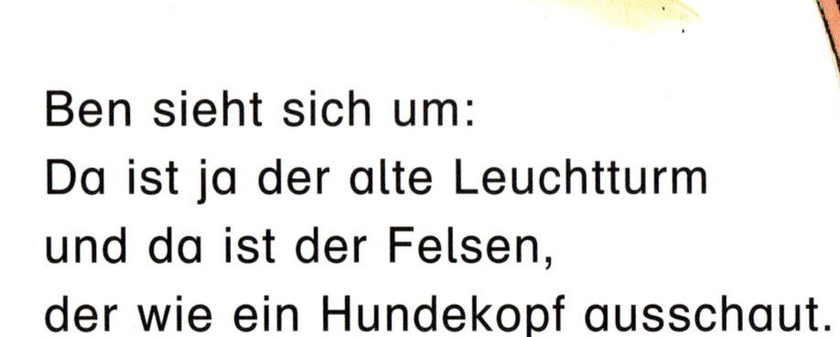

Ben sieht sich um:
Da ist ja der alte Leuchtturm
und da ist der Felsen,
der wie ein Hundekopf ausschaut.

Ben greift sofort nach seiner Schaufel.
Er geht dem Plan nach:
vorbei am alten Leuchtturm,
vorbei am alten, knorrigen Baum und
vorbei an dem kaputten Fischerboot.
Da ist der Felsen,
der wirklich wie ein Hundekopf ausschaut.

Hinter dem Felsen …

... fängt Ben an zu graben.
Das Loch wird immer tiefer.
Jetzt geht es nicht mehr weiter.
Holz!
Eine große Kiste!
Ben arbeitet wie wild.
Endlich kann er die Kiste aufmachen.
Unglaublich!
Die ganze Kiste ist voller Goldmünzen,
voller Juwelen, voller Ketten und Ringe!

... fängt Ben an zu graben.
Das Loch wird immer tiefer.
Ein Junge schaut ihm dabei zu.
Er ist etwa so groß wie Ben.
Er ist etwa so alt wie Ben.
Und er sieht richtig nett aus.

„Hast du die Flaschenpost gefunden?
Sie ist von mir. Ich heiße Lukas.
Ich bin seit zwei Wochen hier.
Ich habe schon Sandburgen gebaut
und Muscheln gesammelt.
Aber dann war es mir langweilig.
Deshalb habe ich die Schatzkarte gemalt
und als Flaschenpost im Sand vergraben."

Von da an war der Urlaub nicht mehr langweilig.
Nicht mehr für Lukas –
und auch nicht mehr für Ben.

Rate mal

Was ist denn das?

Wer raschelt da?

Zum Vorlesen

Kommt alle,
hier gibt's was,
hier liegt was
im Gras!

Da liegen
Kastanien.
Zehn werfen wir
bis Spanien.

Aber die andern,
die wir entdecken,
tragen wir heim
in unsern Säcken.

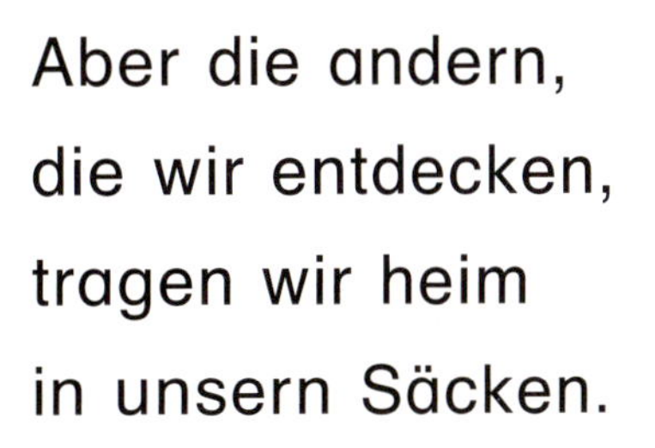

Dort machen wir
aus den Kugeln, den braunen,
eine Herde
zum Staunen.

Josef Guggenmos

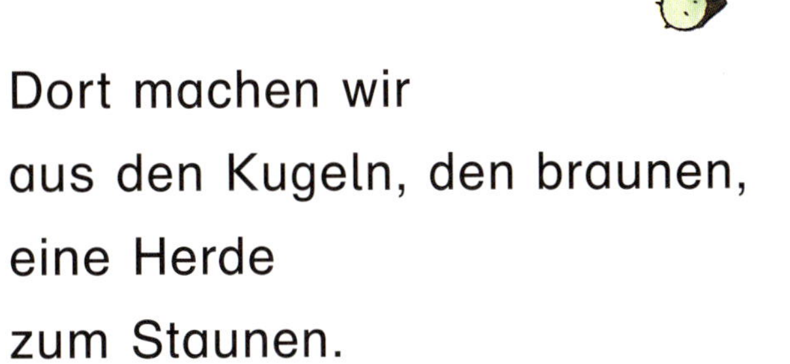

Sankt Martin

Das Bild wurde um 1450 gemalt.

Es ist kalt.

Am Tor ist ein armer Mann.

Da ist Martin mit dem Ross.

Da ist Martin mit dem warmen Mantel.

Martin teilt den warmen Mantel.

Rosi teilt mit Timo
den Saft.

Lisa, Lisa, bitte!

Was teilen Tomi und Lilo?

Advent

10

11

12

1
Advents-
kalender
2
Nuss
6
8
Freude
7
3
Stern
4
Hirten
9
5
Kranz
24

Wir sagen euch an
den lieben Advent,
sehet die erste Kerze brennt.

F (B) F C F

1. Wir sa - gen euch an den lie - ben Ad - vent,
Wir sa - gen euch an ei - ne hei - li - ge Zeit,

F (B) F C F

se - het, die ers - te Ker - ze brennt!
ma - chet dem Herrn die We - ge be - reit!

C F C

1.–4. Freut euch, ihr Chris - ten, freu - et euch

F C C7 F (B) F

sehr! Schon ist na - he der Herr. ____

Text: Maria Ferschl, Melodie: Heinrich Rohr

Weihnachten

Seht, die gute Zeit ist nah,
Gott kommt auf die Erde,
kommt und ist für alle da,
kommt, dass Friede werde.

Friedrich Walz

Die drei Spatzen

In einem leeren Haselstrauch
da sitzen drei Spatzen, Bauch an Bauch.

Der Erich rechts und links der Franz
und mitten drin der freche Hans.

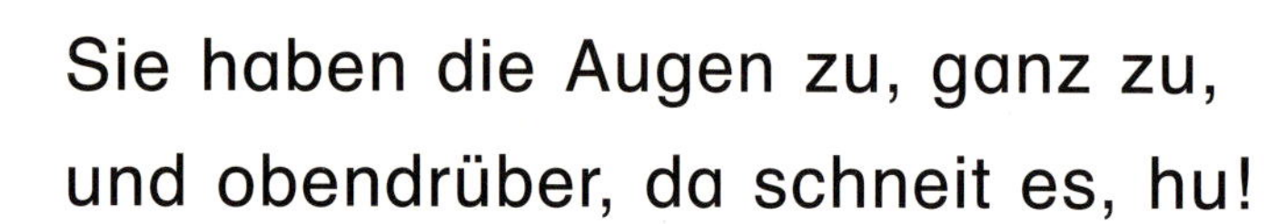

Sie haben die Augen zu, ganz zu,
und obendrüber, da schneit es, hu!

Sie rücken zusammen dicht an dicht.
So warm wie der Hans hat's niemand nicht.

Sie hör'n alle drei ihrer Herzlein Gepoch.
Und wenn sie nicht weg sind, dann sitzen sie noch.

Christian Morgenstern

Spatzenjanuar

Weiß steht der Wald,
sagen die Spatzen,
und es ist kalt,
sagen die Spatzen.

Doch Eis und Schnee,
sagen die Spatzen,
tun uns nicht weh,
sagen die Spatzen.

Im Federkleid,
sagen die Spatzen,
sind wir gefeit,
sagen die Spatzen.

Doch eins tut Not,
sagen die Spatzen:
Ein bisschen Brot,
sagen die Spatzen.

James Krüss

Carl Larsson

Karneval der Harlekine

Joan Miró

Lisa besucht mit ihren Eltern eine Ausstellung.
Vor einem Bild bleibt sie stehen.
Ist das ein Durcheinander, denkt sie.
Ein seltsamer Wicht starrt sie an.
Er hat einen langen Schnauzbart
und ein Horn mit einer Schlange am Kopf.
Raucht er eine Pfeife? Sein Gesicht ist halb rot und halb blau.
Lisa erkennt auch Tiere auf dem Bild
und viele andere seltsame Dinge.

Der spanische Maler Joan Miró
hat dieses Bild gemalt.
Er nannte es „Karneval der Harlekine“.
Schon als Kind hatte er viele Ideen
und konnte gut beobachten.
Eines Tages fing er an, seine Ideen zu malen.
Oft saß er da und kritzelte alles auf Papier,
was ihm einfiel.
Formen und Zeichen gefielen ihm
besonders gut.

Als er später ein großer Maler
wurde, nannte man ihn
den Künstler der Zeichen, Geräusche
und Schnörkel.
Seine Figuren waren sogar Vorlage
für die ersten Trickfilmzeichnungen.

Mit seinen Bildern erzählte er
von seinen Träumen und Vorstellungen.
Oft waren es Fantasiegeschichten
ohne Anfang und Ende.

Frühlingstagebuch

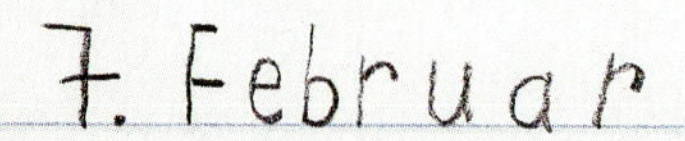

7. Februar

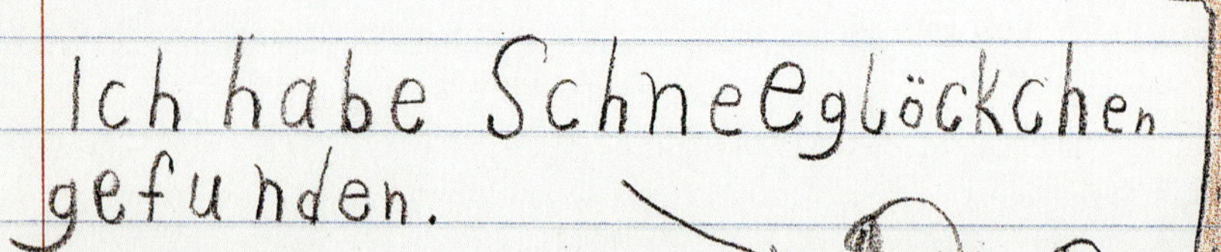

Ich habe Schneeglöckchen gefunden.

21. Februar

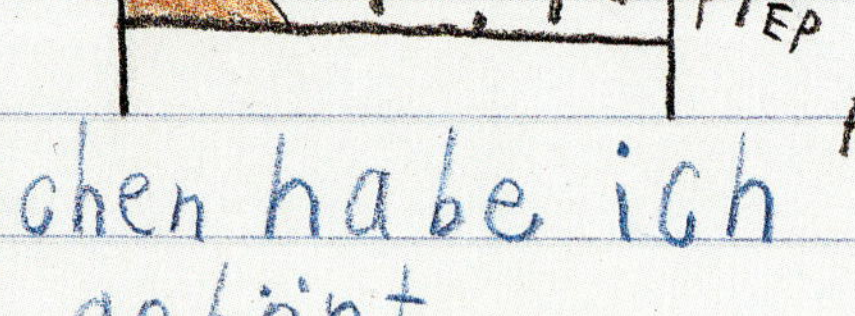

Beim Aufwachen habe ich einen Vogel gehört.

12. März

Ich bin Inb~~e~~iner gefahren.

24. März

Ostereier gegessen.

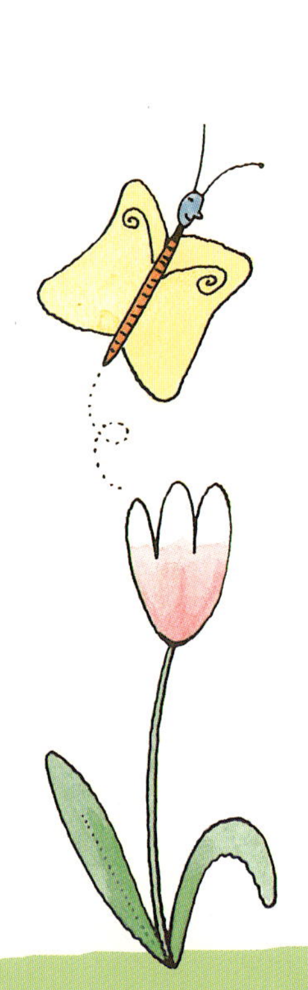

25. März

Wir haben Osterhasen fürs Fenster gebastelt.

Ostern

Ostern ist ein Fest der Freude.
Zum Osterfest schenken wir uns bunte Eier.
Eier sind ein Zeichen für neues Leben.
Aus der harten Schale schlüpft ein lebendiges kleines Küken.

Auch draußen in der Natur entdecken wir jetzt neues Leben.
Die ersten bunten Blumen sind wieder da.

Spiele mit Ostereiern

Eierlauf

Jedes Kind legt ein Ei
auf einen Löffel.
Dann laufen immer
zwei Kinder um die Wette.
Wer kommt ins Ziel
ohne das Ei zu verlieren?

Eier ins Nest rollen

Mit einem Band wird
ein Kreis als Nest gelegt.
Jedes Kind versucht nun
sein Ei ins Nest zu rollen.
Wer schafft es?

Das Ei

Das Huhn, das hat mich Stück für Stück
aus seinem Hühnerpo gedrückt.
Dann hat es mich stolz angesehn
und fand mich unbeschreiblich schön.
Und in mir ist ganz nebenbei
das Gelbe vom Ei.

Frederik Vahle

Welche Tiere legen Eier?

Liebe Mama

Angela Sommer-Bodenburg

Keine gibt es auf der Welt,
die mir so wie du gefällt.

Du, ich hab dich lieb.
Kommt einmal ein Dieb
und der will dich klauen,
werd ich ihn verhauen!

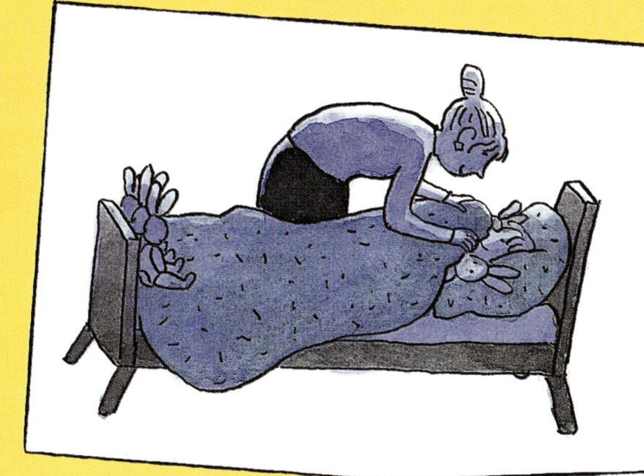

Deckst du mich abends zu,
denk ich, wie schön es ist,
dass grade du
meine Mutter bist.

Und bin ich irgendwann mal groß,
glaub nicht, du würdest mich dann los.
Nein, freu dich nicht zu früh:
Ich verlass dich nie!

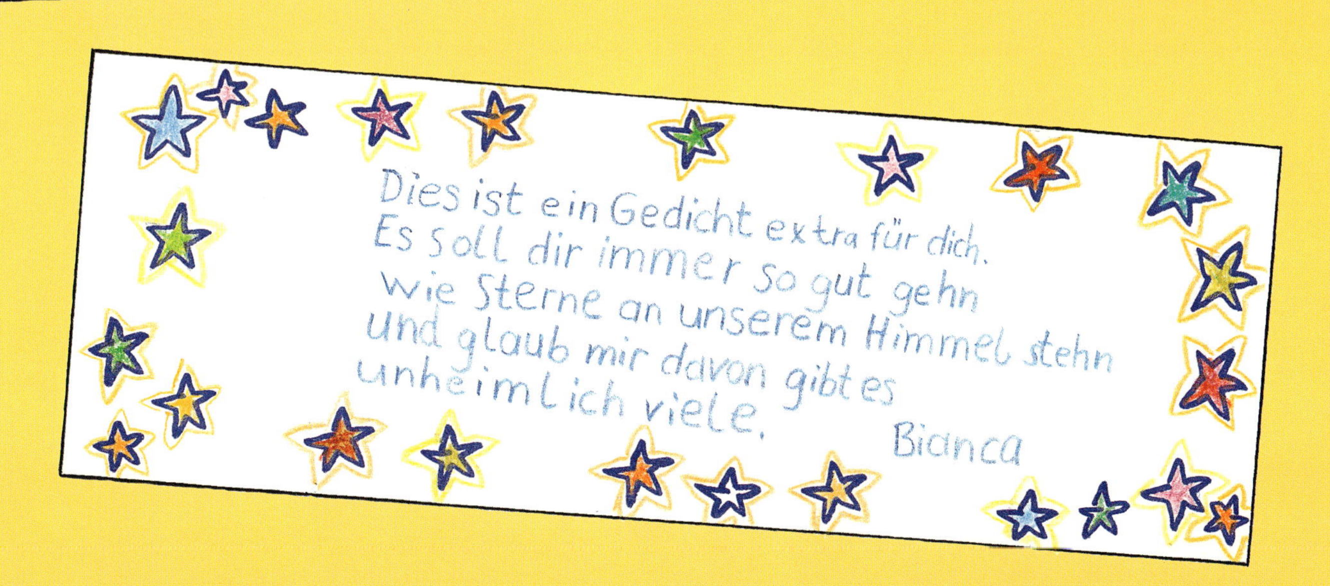

Sommer

Dem Bär, dem ist es viel zu heiß,
er träumt von einem Honigeis.

Dem Affen ist es viel zu heiß,
er träumt jetzt von Bananeneis.

Dem Papagei ist's viel zu heiß,
er träumt von einem Körnereis.

Dem Pinguin ist's viel zu heiß,
er träumt von einem Fisch aus Eis.

Dem Zebra ist es viel zu heiß,
es träumt von einem Streifeneis.

Dem Känguru ist's viel zu heiß,
es träumt von einem Beutel Eis.

Und das Krokodil?
Das Krokodil, das Krokodil,
das träumt von Eis am Stiel.

Gabriele Roß

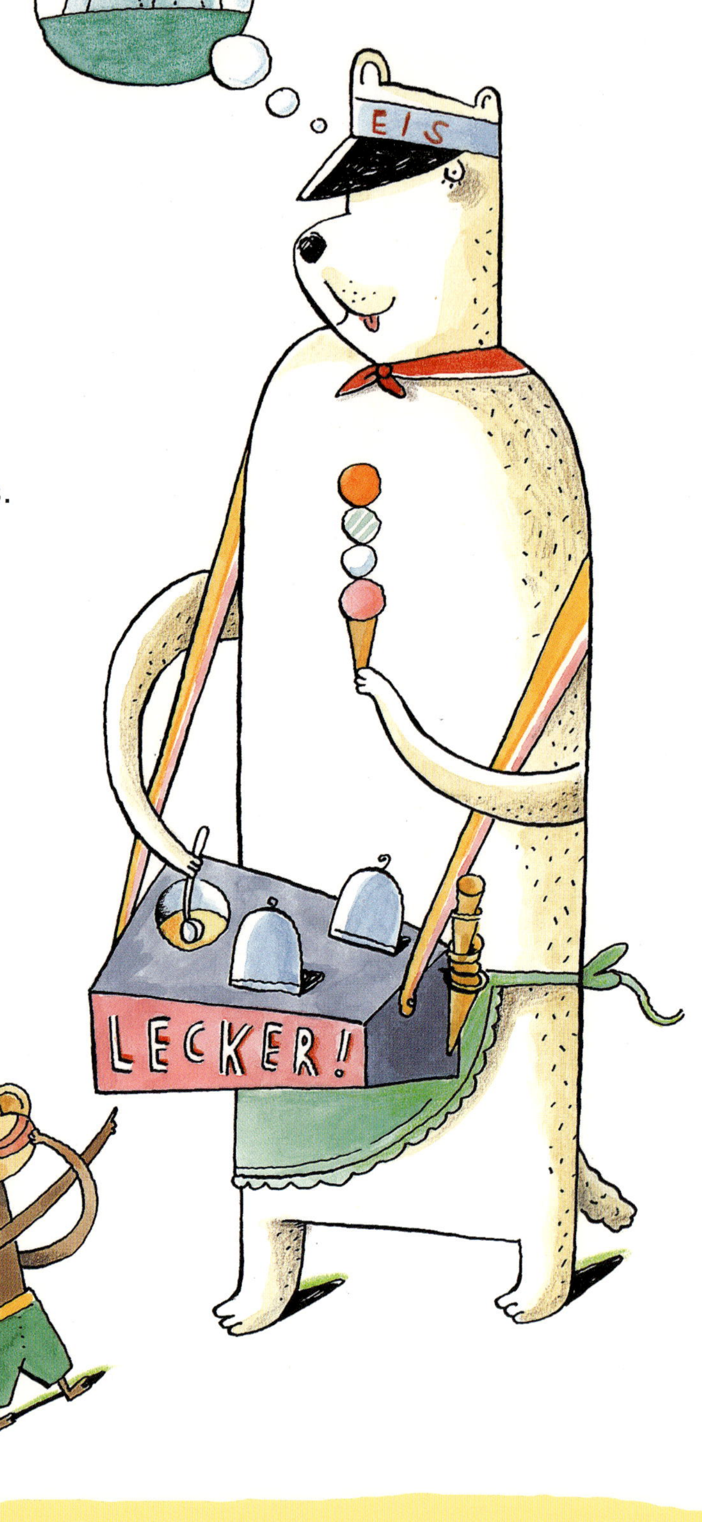

Ähnliche Verse für andere Tiere finden

Der Regenbogen

Ein Regenbogen,
komm und schau!
Rot und orange,
gelb, grün und blau!

So herrliche Farben
kann keiner bezahlen,
sie über den halben
Himmel zu malen.

Ihn malte die Sonne
mit goldener Hand
auf eine wandernde
Regenwand.

Josef Guggenmos

Inhaltsverzeichnis